세계유산

해남 대흥사 가는 길

세계유산 해남 대흥사 가는 길

초판발행일 | 2020년 2월 17일

지은이 | 이승미
펴낸곳 | 도서출판 황금알
펴낸이 | 金永馥

주간 | 김영탁
편집실장 | 조경숙
인쇄제작 | 칼라박스
주소 | 03088 서울시 종로구 이화장2길 29-3, 104호(동숭동)
전화 | 02) 2275-9171
팩스 | 02) 2275-9172
이메일 | tibet21@hanmail.net
홈페이지 | http:/ / goldegg21.com
출판등록 | 2003년 03월 26일 (제300-2003-230호)

값은 뒤표지에 있습니다.

ISBN 979-11-89205-58-4-03660

*이 도서의 국립중앙도서관 출판예정도서목록(CIP)은 서지정보유통지원시스템 홈페이지(http://seoji.nl.go.kr)와 국가자료종합목록 구축시스템(http://kolis-net.nl.go.kr)에서 이용하실 수 있습니다. (CIP제어번호 : CIP2020004206)

세계유산

해남 대흥사 가는길

이승미 지음

황금알

차례

예술이 된 세계유산 해남 대흥사 가는 길 · 7

해남 대흥사 가는 길 · 13

얼굴_조각 그림 그리고 마음 저 너머 대화 · 147

부도 · 191

예술이 된 세계유산 해남 대흥사 · 211

예술이 된 세계유산 해남 대흥사 가는 길

동시대 예술로 이어진 세계유산 대흥사

전통(傳統)은 이 시대를 사는 예술가에게 오래된 보물창고로 통하는 길이다. 그런 의미에서 이미 천년의 박물관이고, 미술관이며, 도서관이었던 산지승원은 우리문화의 전통을 이어 온 역사다.

문화유산은 국가와 민족, 시대와 종교를 넘어 인류의 자존이다. 1600년 불교문화를 간직한 대흥사(大興寺) 역시 전통문화예술의 보물창고이자 해남과 남도의 역사다.

대흥사는 국토의 최남단이자 해양이 시작되는 곳, 바다에서 육지를 처음 만나는 곳에 있다. 바다가 끝나는 곳에서부터 두륜산과 달마산이 시작되어 한반도의 백두대간으로 올라간다. 대흥사는 백두산과 곤륜산에서 한자씩 가져온 두륜산(頭崙山)에 자리 잡았다. 두륜산을 대둔산(大芚山)이라 부른 적도 있어 대둔사(大芚寺)라 기록되기도 하였으나, 언제부터인가 해남 두륜산 대흥사로 부른다. 불교가 한반도에 전해지고 채 100년도 되지 않아 신라의 정관 스님이 두륜산에 만일암을 세우면서 오늘날 대흥사가 시작되었다고 전한다. 만일암을 세운 정관 스님에 대한 생애나 활동 내용은 남아 있지 않다. 다만 다산 정약용과 차(茶)를 마시며, 학문과 예술의 이야기꽃을 피웠던 아암 혜장선사와 추사의 행적이 있다. 또한, 다산과 생사고락의 교분을 가졌던 초의선사 역시 대흥사의 내력을 정리하여 기록으로 남겼다.

서양의 정신적 심장 로마의 성바오로 성당과 성베드로성당은 4세기 말 5세기에 세워졌다. 해남 두륜산 아래 대흥사는 4세기 초부터 그 자리에 터를 잡고 1600년 시간이 흐르는 동안 그곳에 있었다. 대부분의 사찰이 산 가운데 높이 자리 잡은 것과 달리 대흥사는 사방이 산으로 둘러쳐진 넓은 산간분지에 있어, 하늘에서 보면 마치 연꽃이 활짝 핀 형상을 하고 있다고 한다. 그 연꽃 중심부에 1600년 동안 진리를 추구하는 스승과 제자가 살고 있다. 그보다 더 많은 사람들이 가르침을 받고 성장하며 치유하며 살아왔다. 천년의 시간은 땅의 정신으로 이어지며, 문화와 예술을 이루고 상징과 역사가 되어 대흥사에 차곡차곡 쌓여 왔다. 부처를 모시고 불법을 전하는 불국토를 상징하는 아름다운 건축물이 세워져, 대중을 교화하고 교육할 그림이 그려지고, 당대 최고의 예술가 장인들에 의해 종교적 성물이 만들어졌다. 그리고 그 연꽃의 향기는 인근으로 조용히 퍼져나갔다.

조용한 절집에 사람들이 모여드니 스님들은 더 깊은 산중 암자로 떠났다. 대흥사는 그렇게 두륜산에 자리 잡은 이래 인근에 미황사, 백련사, 무위사, 도갑사로 이어졌고 해남 · 강진 · 장흥 · 영암 · 무안 · 신안 · 진도 · 완도 · 목포 · 광주 등 남도 일대 사찰의 구심점이 되었다. 사찰보다 더 많은 암자들이 늘었다. 가장 높은 곳에 북암과 일지암, 진불암을 비롯해 크고 작은 암자를 품었다.

임진왜란 정유재란 때 승병을 이끌었던 서산대사가 "전쟁을 비롯한 삼재가

미치지 못할 곳(三災不入之處)으로 만 년 동안 훼손되지 않는 땅(萬年不毁之地)"이라 부르고 서산대사의 의발(衣鉢)을 대흥사에 전해 오늘까지도 보관 중이다. 이 일로 대흥사는 한국불교의 종통이 이어지는 곳(宗統所歸之處)으로 한국불교사에서 중요한 위상을 가졌다. 정조 이후 매년 서산대사에게 제를 올리고 국가를 지키는 호국선원으로 관리하였다. 그 때문에 건축의 규모와 형태 역시 다른 사찰과는 확연히 다르다. 풍담(風潭) 스님으로부터 초의(草衣)에 이르기까지 13분의 대종사(大宗師)가 배출되었으며, 만화(萬化) 스님부터 범해(梵海) 스님에 이르기까지 13분의 대강사(大講師)가 배출되었다. 고려가 끝나고 선비의 나라 조선이 시작되면서 초의선사는 맥이 끊어진 차(茶)를 복원한 이래 우리나라 차문화(茶文化)의 성지로도 자리매김하였다.

대흥사는 1,600년 동안 불법을 수호하고 민중과 함께 문화와 예술을 품으며 성장하고 확장되어 왔다. 이제 대흥사는 종교적 장소를 넘어 살아 숨 쉬는 사람들에게 전통과 역사가 이어지는 문화예술의 보고이며 인류의 크나큰 자산이다. 그러므로 대흥사로 가는 길은 비단 종교적 길뿐만이 아니라, 동시대를 관통하여 미래를 담보하는 인류의 문화예술의 길이기도 하다. 오늘도 예술가들은 해남(海南) 두륜산대흥사(頭輪山大興寺)에서 1600년 전통과 영감을 받아 시를 쓰고 그림을 그리고 조각하고 새로운 유산을 창작하고 있다.

해남군에서는 행촌문화재단의 적극적인 협조를 받아 예술가들과 함께 대흥사로 가는 또 다른 길을 열고자 노력해왔다. 해남 대흥사를 중심으로 한 풍류남도 해남 프로젝트가 그것이다. 이 프로젝트는 국내외 예술가 200명 이상이 참여하여 대흥사와 해남 곳곳을 1,000여 점 이상 아름다운 예술작품으로 창작하였다. 해남을 담은 예술작품은 그동안 해남 · 목포 · 광주 · 서울 · 홍콩 · 상하이 등에서 크고 작은 전시회를 30회 이상 열었다. 2017년 시작된 〈예술과 함께 떠나는 남도수묵기행〉을 통해 매년 500~600명 3년간 1,700명의 사람들이 또 다른 해남 대흥사 가는 길을 열었다. 대개의 예술가와 일반인들은 그 길이 처음이었다. 대흥사에 이르는 길은 인류의 문화유산으로 가는 길이다. 1600년 시간의 근원을 향해 그 길로 들어서는 것만으로도 감동적인 아름답고 고귀한 길이다.

해남 대흥사 가는 길

사진 · 김은숙

해남 대흥사 가는 길은 예술가와 함께하는 길이었다.
예술가의 시선으로 기억하고 새로운 길을 내고자 하는 길이었다.
오늘도 수많은 사람들이 대흥사로 가는 숲길을 오간다.
사람들의 발길이 없던 오솔길을 만들고
오솔길은 진리의 숲으로 통하는 길이 되었다.
오래전 걸어서 대흥사를 가던 사람들은
마음에 간절한 소망을 품고 갔다고 한다.
이른 저녁을 마치고 마당을 나선 사람들은
별이 총총한 밤길을 걷고 또 걸어 새벽녘에 대흥사에 이르고
대웅전, 응진전, 천불전을 돌아 일지암을 지나 북암에 이르러서야
가슴에 품고 온 소망을 내려놓고 다시 걸어온 길을 뒤집어
집으로 돌아가면 다시 새벽이 되었다고 한다.

두륜산 대흥사 산문

대흥사 가는 길

구곡

대흥사 가는 길

유선여관

관수

구곡

마음의 숲

두륜산 대흥사 일주문

대흥사 부도

반야교

구곡

구곡의 탑

대웅보전(큰법당)
대웅보전

이른 아침

두륜산 두륜봉

여명

이른 아침 두륜산에 서다

이른 아침 두륜산에 서다

천불전

아침 햇살에 수련이 피다

무염지(無染池) '더러움에 물들지 않고 항상 깨끗한 곳'

무염지(無染池) '더러움에 물들지 않고 항상 깨끗한 곳' 2019

동다실

범종루

금당천 돌담

금당천 수류

금당천 심진교

금당천 빛의 기류

大雄寶殿
초파일
연등접수
일년등
108 등
하루등
따뜻한 마음
부처님 마음

무량수각(추사 김정희1786~1856)

백설당(海士 金聲根, 1835~1918)

대웅보전(원교 이광사, 1705~1777)

두륜산 대흥사 대웅보전 삼존불(아미타 석가모니 약사여래)

두륜산 대흥사 대웅보전 삼존불

세월

지혜와 자비로
세상을 아름답게

두륜산 대흥사 대웅보전

마음과 마음의 등불

침계루 법고 세상을 깨우는 울림

목어고

법고

붉은 봄

청운당 여름

침계루 지나 심진교

나무에 매달려 벌 받는 호랑이

호랑이가 사랑한 가재

금당천 심진교

금당천

침계루

천년수 연리지

千佛殿
照耀大千界
清淨大光明

천불전

용화당

천불전 천불

꽃

용선

가허루

일로향실 가는 길

용화당

수행중

용화당

일로향실 가는 길

일로향실 가는 길

정신 중

두 칸

응진전

천년수 연리지

금당천

봄봄

동행

성보박물관

표충사

일지암

여름 금당천

가을 대흥사

西翁尚純之塔
映湖鼎鎬之塔

가을 대흥사

가을 대흥사 가는 길

대흥사의 가을

청운당 은행나무

가을 금당천

가을 금당천

하늘 밥그릇

대흥사의 세월

위로

고승대덕

얼굴_조각 그림 그리고 마음 저 너머 대화

사진 · 김은숙

사진의 눈은 우리들의 눈과는 다르다.
사람의 '눈'은 마음이 더해져야 자세히 볼 수 있다.
예술가의 사진은 우리 '눈'보다 깊고 자상하다.
대흥사에는 셀 수 없이 많은 얼굴들이 있다.
그러나 우리는 만나지 못하고 미처 그 얼굴에
눈을 맞추지 못하고 돌아온다.
대흥사에는 사람의 슬픔과 욕망을 이해하고
위로의 눈길을 주는 얼굴이 있다.
예술가의 '눈'을 통해 표정을 가지고 생각하는
부처와 나한의 이야기를 듣는다.

기도

얼굴_대웅보전 삼존불

얼굴_천불

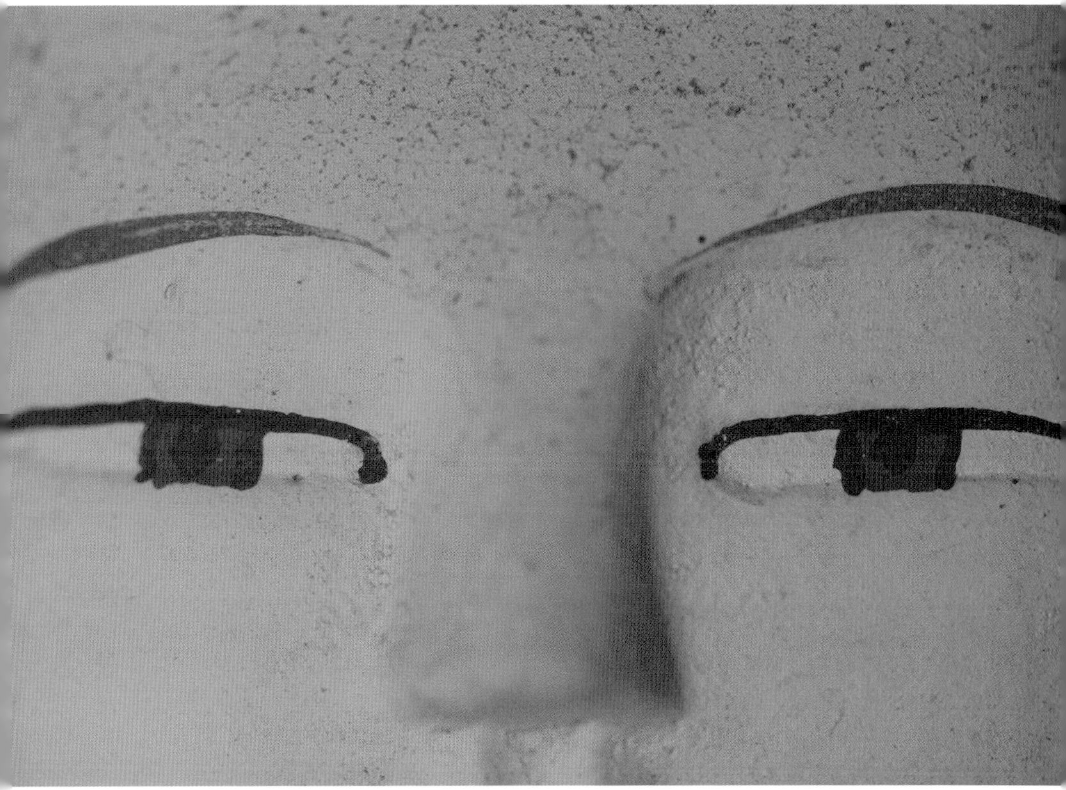

얼굴_눈

얼굴_응진전

얼굴_나한

삼장보살도

부도

사진 · 김은숙

대흥사 부도전은 서산대사와 13분의 대종사 13분의 대강사
그리고 불법을 전하고 중생을 위로하고 묵묵히 대흥사를 지켜온
고승들의 사리가 안치되어 있다.
돌을 깎아 인간의 몸으로 진리를 찾기 위한
삶을 살아 낸 생을 기록하였다.
대흥사 부도는 아직 따뜻한 온기가 남아있다.
집착이 사라진다.

대흥사 부도전

대흥사 부도

艸衣塔

대흥사 초의선사부도

대흥사 부도

大華嚴師蓮潭和尚之碑

대흥사 부도_따스한 미소

대흥사 부도전 백일홍

대흥사 서산대사 부도_따스한 미소

대흥사 부도_집착이 사라진다

예술이 된 세계유산 해남 대흥사

그림 · 김은숙 박성우 홍선웅 김억 안석준 김선두
이구용 이지연 우용민 하성흡 김천일 조병연

예술가와 함께 대흥사 가는 길은 2015년 봄부터 시작되었다.
매년 봄 동백이 툭툭 떨어지고 매화가 필 때
화가들은 대흥사에서 맑고 차가운 하늘에서 쏟아지는 별을 보고
일지암에 올라 차를 마시고 북 암에 오르며
1000년을 세월을 거슬러 올라가곤 하였다.
겨울부터 가을까지 대흥사에 머물며 대흥사를 화폭에 담기도 하였다.
이른 새벽빛을 기다려 천년고찰의 내면과 표정을 카메라에 담았다.
세계유산 대흥사는 오늘의 예술로 이어진다.

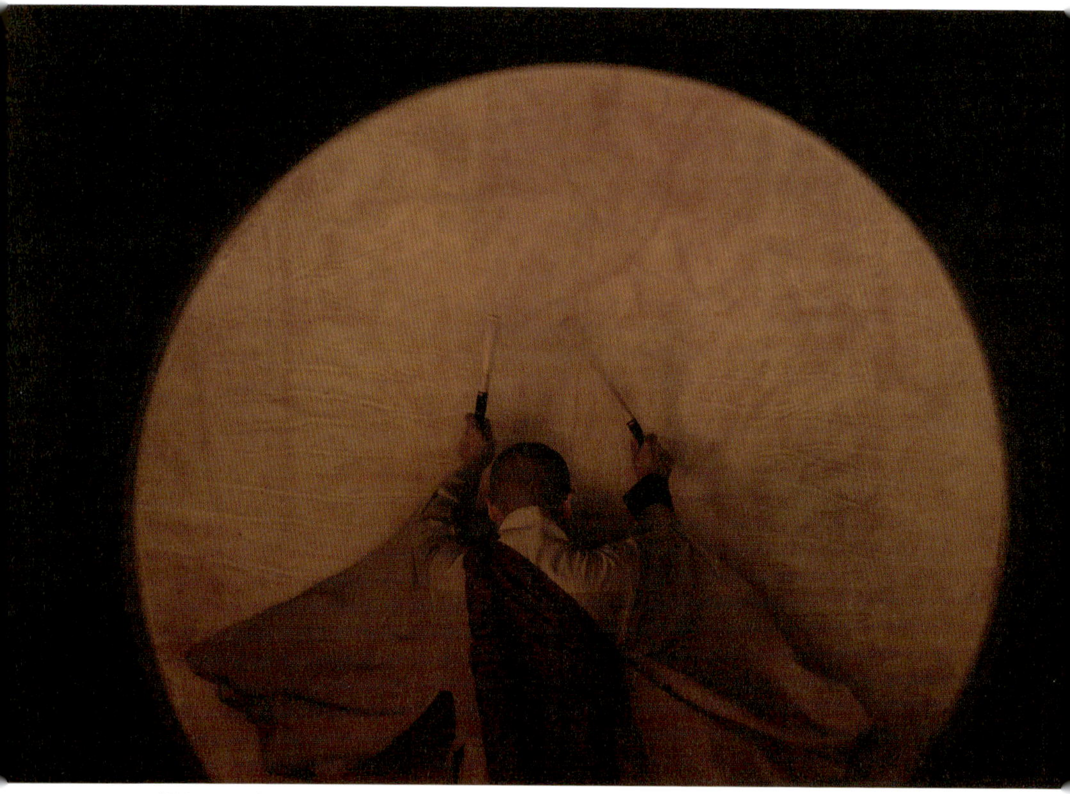

김은숙, 북소리1, 디지털프린트, 2019

김은숙, 북소리2, 디지털프린트, 2019

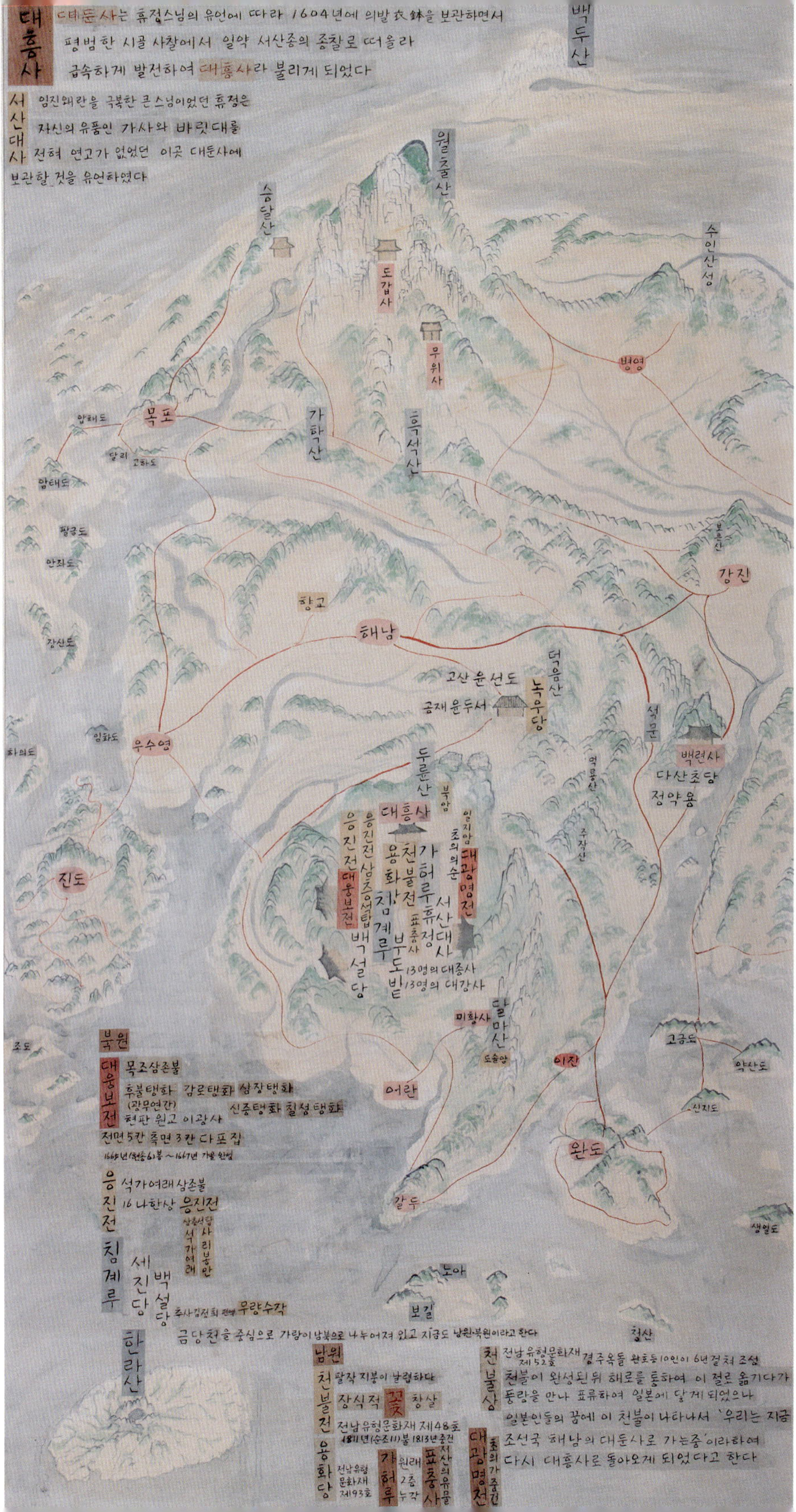

박성우, 대흥사, 한지에 담채, 2019

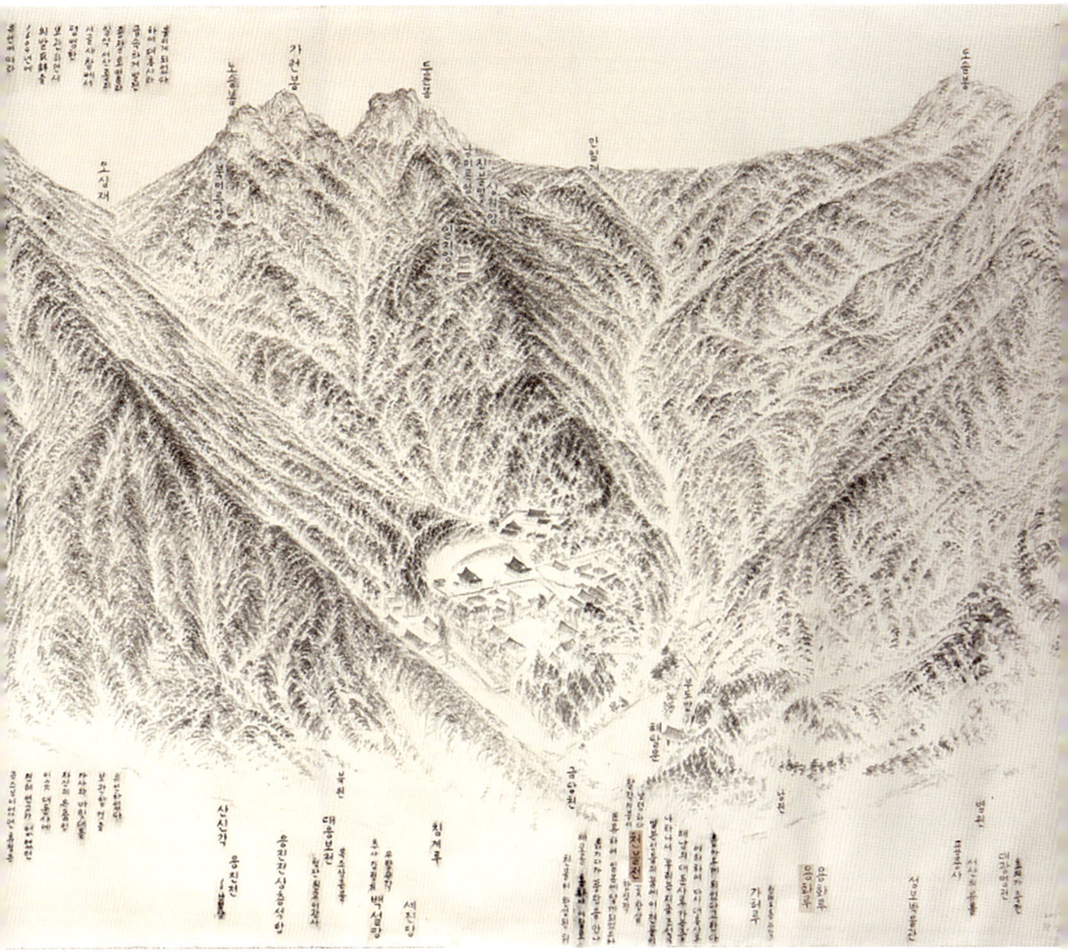

박성우, 두륜산 대흥사, 한지에 먹, 2019

박성우, 두륜산 대흥사, 143×75㎝, 한지에 쪽, 2019

홍선웅, 대흥사, 종이에 목판, 43x63㎝, 2003

김억, 대흥사 연리근, 종이에 목판, 46.5x81㎝, 2019

안석준, 두륜산 대흥사, 한지에 담채, 2019

안석준, 대흥사, 수묵담채, 2017

안석준, 대흥사 가는 길, 한지에 담채, 2019

김선두, 천강유수천강월, 한지에 먹 채색, 65x94㎝, 2019

이구용, 노승봉에서 본 대흥사

이구용, 두륜산, 2019

이구용, 동백 피다, 2019

이구용, 노거수, 2019

이구용, 북암 탑, 2019

이구용, 북미륵암, 2019

이지연, 검은 물, 한지에 수묵, 2019

이지연, 대웅전(大雄殿) 3, 한지에 수묵, 2019

이지연, 봄, 한지에 수묵, 35×140㎝, 2019

이지연, 용화당(龍華堂) 1, 한지에 수묵, 90×197㎝, 2019

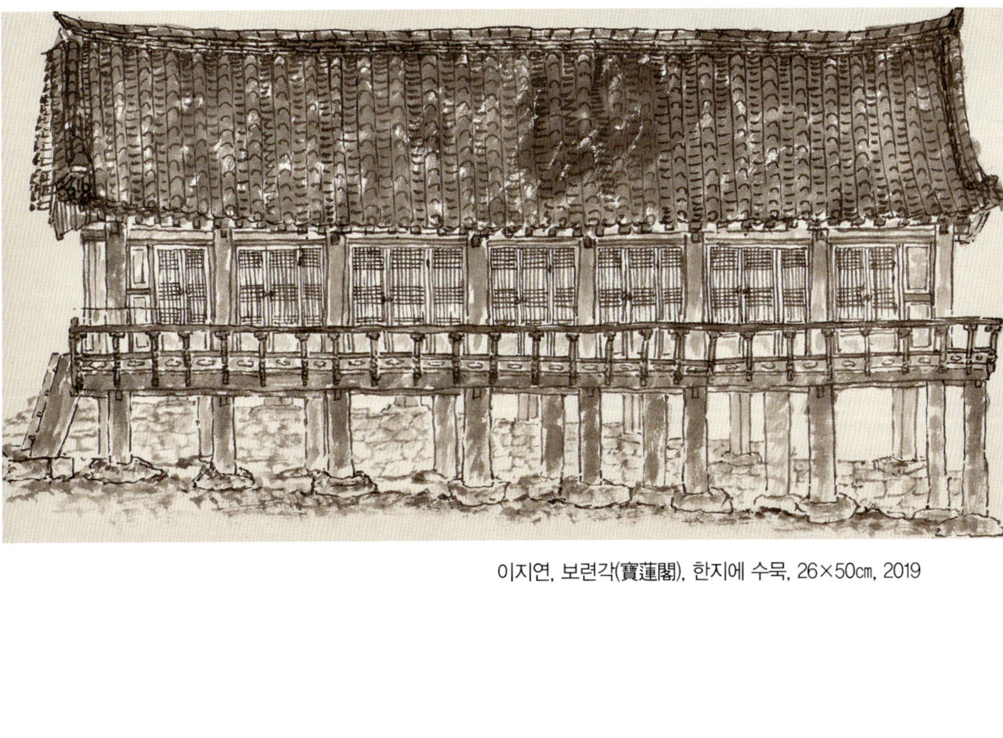

이지연, 보련각(寶蓮閣), 한지에 수묵, 26×50㎝, 2019

이지연, 대웅전(大雄殿) 1, 한지에 수묵, 140×218㎝, 2019

이지연, 천불전(千佛殿), 한지에 수묵, 2019

이지연, 마침내 비, 한지에 수묵, 65×130cm, 2019

이지연, 부도림(浮屠林), 한지에 수묵, 2019

우용민, 대흥사, 바위, 한지에 먹, 2019

우용민, 대흥사, 용화당 동백, 한지에 먹, 2019

우용민, 일지암, 한지에 먹, 2019

우용민, 북미륵암, 한지에 먹, 198x138㎝, 2019

우용민, 나무, 한지에 먹, 2019

우용민, 대흥사, 한지에 먹, 2019

우용민, 대흥사 대웅전, 한지에 먹, 138x198㎝, 2019

우용민, 대흥사의 봄, 한지에 먹, 2019

하성흡, 대흥사, 한지 수묵 담채, 44x54cm, 2019

김천일, 마애여래좌상, 한지에 채색, 2019

조병연, 두륜산 대흥사, 장지 수묵, 45x59㎝, 2019

참여작가 약력

김은숙 전남대학교 졸업. 개인전 7회, 2019 세계유산대흥사_조각 그림 그리고 마음 저 너머 대화展, 2018 그녀와 함께 해남展, 2017 은숙씨의 밥상展, BLACKCAT GALLERY 2016 낙원(樂園)展, 우항리 고천암 20162015, 2015 흔들리지 않고 피는 꽃이 어디있으랴展. 단체전 12회, 2019 풍류 남도 아트프로젝트展, 공재, 그리고 자화상展 등. 작품소장: 한국 GKL, 대흥사, 일지암, 만덕산, 백련사, 행촌미술관, 해남종합병원.

박성우 목포대학교 미술학과 졸업. 개인전 2018 달마고도達磨古道전(해남, 수윤미술관), 2018 봄,봄,봄. 3인3색전–갤러리 바움 기획초대전(서울), 2006 박성우展(가나아트 스페이스, 서울). 최근단체전 2017 아름다운절 미황사(서울, 학고재), 2018 남도밥상전(해남 행촌미술관, 서울 인영갤러리), 2018 水墨 · 東方水墨지夢(상해, 한국문화원/홍콩, 한국문화원), 2018 전남국제수묵비엔날레–'전통과 가통이 계승되는 전남종가전'(목포, 여객선터미널), 2018 전남국제수묵비엔날레 레지던시 프로그램–국제적수묵수다방(목포, 신안수협), 2019 Poh Chang Academy of Arts, RMUTL 워크숍 전시(방콕,이산), 2019 해남국제수묵워크숍(해남, 문화예술회관), 2019 해남 두륜산 대흥사(대흥사표충사). 레지던시프로그램 2011 박성우展(고흥, 도화원), 2015 '홍성레지던스프로그램' 결과발표전(홍성, 전통시장), 2015 충남 레지던시 연합전(당진, 아미미술관).

홍선웅 중앙대학교 졸업. 개인전 2019 '정신과 새김전' 외 4회, 2001 '홍선웅의 판각기행'(서울 인사아트센터, 인천 신세계갤 러리) 등 단체전 100여회. 인천평화미술프로젝트 〈평화의 바다, 물위의 경계〉 인천아트플랫폼 등. 저서 『한국근대판화사』(미술문화), 판화집 『갈아엎는 땅』(학고재), 판화산문집 『홍선웅의 판각기행』(미술문화) 등. 작품소장처: 국립현대미술관, 서울시립미술관, 전북도립미술관, 광주시립미술관, 인천아트플랫홈, 일민미술관, 진천군립생거판화미술관, 가나아트센터, 퀼른 안파리나화랑, 서울시교육청.

김억 홍익대학교 졸업. 개인전 목판화가 김억의 국토진경, 순화동천 등 20여회. 단체전 2018 전남 국제수묵비엔날레 등 200여회. 2018 ART ROAD77 2018 Flow-Scape 두 개의 강은 함께 흐른다(논밭예술학교). 주요 작품 공공 소장처: 국립현대미술관, 국립현대미술관 미술은행, 부산시립미술관, 경기도립미술관, 포스코미술관, 제주 현대미술관, 행촌문화재단 행촌미술관, 청강문화산업대학, 수원시립 아이파크미술관.

안석준 홍익대학교 졸업, 개인전 7회, 단체전 2003 동양화 새천년전(예술의전당 한가람미술관), 2004 가고픈 경기비경전(경기도 미술관), 2006 천년 황금의 도시 경주전(경주박물관,북촌미술관), 2007 21c 안견회화 정신전(경향갤러리), 2007 백제의 향기 부여의 꿈전(부여,북촌 미술관), 2009 찾아가는 미술관 통영전(통영, 국립현대 미술관), 2012 한국회화 18인전(예술의전당 디자인 미술관), 2013 오늘의 진경2013전(겸재정선기념관), 2015 경기팔경과 구곡전(경기도미술관), 2017 전남 국제수묵프레비엔날레(전라남도), 2018 유유산수–서울을 거닐다(세종문화회관) 외 100여회 그룹 및 단체 초대전. 현 홍익대 문화예술평생교육원 강사.

김선두 중앙대학교 예술대학 한국화학과 졸업. 현 개인전 2016 별을 보여드립니다 외 20여회. 단체전 전남국제수묵비엔날레 등 200여회. 작품소장: 국립현대미술관, 서울시립미술관, 성곡미술관, 호암미술관, 금호미술관 등. 현 중앙대학교 예술대학 한국화학과 교수.

이구용 중앙대학교 대학원 졸업. 개인전 12회 학고재 서울, 신세계갤러리 광주 외. 2019 한국화 새로운 지평을 넓히다(자하미술관, 서울), 2018 전남국제수묵비엔날레 해외홍보전(홍콩, 상해), 2017 탕진수묵(동덕아트갤러리, 서울), 2016 현실과 가상의 스펙트럼(한벽원미술관, 서울), 화중유시(관산월 미술관, 중국심천), 2015 남도문화의 원류 를 찾아서 장흥(광주 신세계갤러리), 2014 삶을 짓다(광주 신세계갤러리), 2013 대숲을 거닐다(롯데갤러리, 광주, 대전), 2012 겹의 미학(공갤러리, 서울), 남도문화의 원류를 찾아서 "진도소리, 삶을 그리다"(광주 신세계갤러리), 2011 자연 현대형식(상해 명원문화원), 2010 상해EXPO 한중 현대미술작가전(상해 한국문화원), 제6회 송장예술절-경계를 넘어(중국 북경 상상미술관). 현 전남대학교 교수.

이지연 홍익대학교 동양화과 및 동 대학원 졸업. 개인전 2019 산수유랑_세계유산 대흥사 겨울부터 여름까지, 2016 이지연展-아트허브 온라인 갤러리, 2016 이지연 개인전-일렁일렁(토포하우스), 2013 나무들 木's(The K gallery), 2012 개인전(갤러리 P1), 2012 멈추어라 停(가나아트 스페이스), 2010 이지연 마음(인사아트센터), 2009 빛(갤러리 이즈), 2008 보는 보이는(공화랑), 2007 이지연 개인전-내린다, 부푼다(노암갤러리), 단체전 2018 아시아수묵수다(전주 한국전통문화문당KCC), 2018 전남국제수묵비엔날레-전남종가展 풍류남도 아트프로젝트-예술이 꽃피는 해안선 수묵화첩 펼쳐보기展 등 30여회. 현 홍익대학교 교수.

우용민 강원대학교 미술교육과 졸업. 2019 개인전 외 5회 단체전. 2019 해남국제수묵워크숍, 2018 전남국제수묵비엔날레 전남종가展, 2018 동방채묵전 남도밥상전 바림전 등 30여회 수상 국전. 서울미술대상전, 단원미술제, 목우회, 무등미술대전특선.

하성흡 전남대학교 미술학과 졸업. 개인전 2019 그림사유(행촌미술관 수윤아트스페이스), 하성흡 일이관지(광주시립미술관 금남로분관) 등, 단체전 2018 전남국제수묵비엔날레 전남종가展, 2018 한국 수묵 해외 순회전(상해, 홍콩), 2017 전남국제수묵프레비엔날레 '남풍'(노적봉미술관) 동신대 30주년 기념전, 광주화루(국립아시아문화전당), 담양10경전(담빛예술창고), 아름다운절 미황사전(학고재), 2016 자하루미술관 개관기념, 김광석 20주기 추모전(홍대아트센터갤러리), 녹우당에서 공재를 상상하다(녹우당 충헌각), 영암전(광주신세계갤러리), G&J갤러리 개관전 수묵으로 사유하다전(인사동 마루), 영호남 수묵화 교류전(소치미술관) 등 100여회.

김천일 서울대 미대 회화과 및 동 대학원 졸업. 개인전 12회, 단체전,기획전 다수, 작품소장 외교통상부, 국립현대미술관, 금호미술관, 전남도청, 목포대학교 등. 현재 목포대 명예교수, 전남국제수묵비엔날레 운영위원, 간송미술관 연구위원, 문화예술단체 노적봉 회장.

조병연 전남대학교 예술대학 미술학과 한국화 전공. 개인전 2019 조병연전(수윤아트스페이스), 남도 수묵으로 풀어내다(하정웅 미술관), 2018 거인의 정원에 간 예술가-조병연의 임하일기展, 2017 조병연 수묵회화(水墨繪畵展) 땅끝 달마산 미황사 그리고 다도해(땅끝미술관, 미황사, 행촌미술관) 외 13회, 단체전 2019 풍류남도 해남프로젝트 해남국제수 묵워크숍, 2018 전남국제수묵비엔날레 〈국제적 수묵 수다방〉(신안수협, 목포), 전남국제수묵비엔날레(진도), 2017 전남국제수묵프레비엔날레(노적봉미술관, 목포), 천불 영구설치(해남 달마산 미황사, 해남) "다 므기展"(광주 비엔날레 전시관, 광주), 풍류남도 ART프로젝트(행촌미술관, 해남일원) 외 200여 회 작품. 소장: 국립현대미술관(과천), 경기도박물관, 목포시청, 제주도립미술관, 미황사, 목포문화예술회관, 목포한국병원, 행촌문화재단, 레지던시 행촌문화재단 이마도 스튜디오 2016~2019 입주작가, 현재: 한국 민족미술인협회 전남지회장, 전업화가 활동중.